W0348097

Impressum

Autor: Mark Poppenborg & Lars Vollmer (Hrsg.)

Gestaltung: Sabine Panse, dacorpo-design.de
Verlag: intrinsify.me GmbH
Printed in Germany
ISBN 978-3-9819180-6-9

Inhaltsverzeichnis

Warum dieses Buch

»Werte kann man nicht lehren, sondern nur vorleben«

Viktor Frankl.

Jeder hat es schon einmal erlebt: Man liest oder hört ein Zitat und fühlt sich tief betroffen. Manchmal reagiert man mit heftigen Emotionen. Manchmal geraten Glaubenssätze ins Wanken. Und so kann eine kleine Inspiration Großes Bewirken. Fest steht: Veränderung fängt beim Denken an.

- Die Neue Arbeitswelt steckt voller Überraschungen.
  Wo auch immer man hinguckt, ständig ist Neues zu entdecken:
- Unternehmen, die ihre formalen Hierarchien abbauen, Abteilungen auflösen und aus Verwaltungsapparaten Sinngemeinschaften bauen.
- Menschen, die vom Strand aus oder zuhause arbeiten, die sich in die Solopreneur-Karriere wagen und mit kleinen Mitteln Großes bewirken.
- Dieses Buch soll niemanden belehren. Es soll inspirieren, Mut machen und auch ein bisschen provozieren.
- Niemand weiß, wie die neue Arbeitswelt aussehen wird.
  Doch jeder kann die Chancen ergreifen, die sie jetzt schon bietet.
- Dieses Buch dient dem individuellen Sinnieren, dem Kaminabend mit Freunden, dem Workshop mit Kollegen.

Über intrinsify

Wir sind Think Tank und die zentrale Anlaufstelle für die neue Arbeitswelt, Digitalisierung, moderne Unternehmensführung und Organisationsentwicklung.

Wir verstehen uns als Orientierungsgeber und Ausrüster für erfolgreiche Unternehmen in der neuen Wirtschaft und für Menschen, die an dem derzeitigen Wandel der Wirtschaft und der Zukunft der Arbeit interessiert sind.

Durch unser Angebot aus Veranstaltungen, Podcat-Episoden, Blogartikeln, einem Mitglieder-Netzwerk, einer Akademie, Lernspielen, Vorträgen, Coaching und Beratung sorgen wir für gute Ideen für Arbeit und Dich.

Über dieses Buch

»Lasst uns ein eBook mit den 100 besten Zitaten zur Neuen Arbeitswelt schreiben«.

Mit diesem Aufruf über den intrinsify Newsletter am 22. Juli 2015 startete ein kleines Projekt, was große Züge angenommen hat.

344 Zitate wurden innerhalb von gut zwei Wochen online gesammelt. Über 200 Unterstützer stimmten dann über die 100 besten Zitate ab. Und nur einen guten Monat später stand die erste Zitate-Sammlung zur neuen Arbeitswelt.

Denken in Optionen

»Suche nicht nach Fehlern, suche nach Lösungen.«

Henry Ford

*»Probleme kann man niemals mit derselben Denkweise lösen,
durch die sie entstanden sind.«*

Albert Einstein

*»Nichts erweitert das eigene Wissen mehr,
als die Meinung eines Andersdenkenden.«*

Christine Harder

»Das Geheimnis des Erfolgs ist, den Standpunkt des Anderen zu verstehen.«

Henry Ford

»Everything we hear is an opinion, not a fact. Everything we see is a perspective, not the truth.«

Marcus Aurelius

»It doesn't make sense to hire smart people and then tell them what to do; we hire smart people so they can tell us what to do.«

Steve Jobs

*»Viele verfolgen hartnäckig den Weg, den sie gewählt haben,
aber nur wenige das Ziel.«*

Friedrich Nietzsche

*»Wer als Werkzeug nur einen Hammer hat,
sieht in jedem Problem einen Nagel.«*

Paul Watzlawik

*»When you talk you are only repeating what you know;
but when you listen, you may learn something new.«*

Dalai Lama

Unterstützer

agil werden

Albrecht Günther

Alexandra Gründl

Aline von Rüden

Ami Prössl

Andrea Koch

Andrea Maria Bokler

Angela Altenbeck

Anke von Platen

Anna Kristina Beißner

Anna Löw

Anne Konermann

Anne-Kathrin Staudt

Annette Jagla

Arjan Kozica

Armin Bognar

Astrid-Beate Oberdorf

Bärbel Röpke-Stieghorst

Bastian Wilkat

Beate Teschner

»Der Kopf ist rund, damit unsere Gedanken die Richtung ändern können.«

Francis Picabia

»Der einzige Mensch, der sich vernünftig benimmt, ist mein Schneider. Er nimmt jedes Mal neu Maß, wenn er mich trifft, während alle anderen immer die alten Maßstäbe anlegen in der Meinung, sie passten auch heute noch.«

George Bernard Shaw

»Nicht die Planer sind die Deppen, sondern die, die glauben, dass Planung funktioniert.«

Lars Vollmer

»A ship in port is safe, but that's not what ships are built for.«

Admiral Grace Hopper

»Verantwortlich ist man nicht nur für das, was man tut, sondern auch für das, was man nicht tut.«

Laotse

»Das kann unmöglich funktionieren. Lasst es uns ausprobieren!«

Stefan Roock

»Wege entstehen dadurch, dass man sie geht.«

Franz Kafka

*»Es ist nicht deine Schuld, dass die Welt ist, wie sie ist.
Es wär' nur deine Schuld, wenn sie so bleibt.«*

Die Ärzte

*»Alle sagten das geht nicht. Dann kam einer,
der wusste das nicht, und hat es getan.«*

Inschrift in einer abgelegenen Bergkapelle im Kanton Graubünden

*»Wenn du willst, was du noch nie gehabt hast, dann tu,
was du noch nie getan hast.«*

Nossrat Peseschkian

*»Menschen mit einer neuen Idee gelten so lange als Spinner,
bis sich die Sache durchgesetzt hat.«*

Mark Twain

*»Was wir brauchen, sind ein paar verrückte Leute;
seht euch an, wohin uns die Normalen gebracht haben.«*

George Bernhard Shaw

»Fail early, fail often, but always fail forward.«

John C. Maxwell

*»Ich kann freilich nicht sagen, ob es besser wird,
wenn es anders wird, aber soviel kann ich sagen:
Es muss anders werden, wenn es besser werden soll.«*

Georg Christoph Lichtenberg

»Mut steht am Anfang des Handelns, Glück am Ende.«

Demokrit

Unterstützer

Beke Hollenbach
Benjamin Igna
Bernd Hoffmeier
Bernd Oestereich
Bernhard Resch
Bienja Kaya
Birgit Grase
Birgit Mallow
Birgit Schiche
Björn Bizaj
Burkhard Bösterling
Carsten Holtmann
Catrin Graf
Christian Hüttenhein
Christian Kemper
Christian Kühne
Christian Rees
Christian Reschke
Christian Vieira dos Santos
Christian Weinert

»Pragmatismus führt schneller zur Perfektion als Perfektionismus.«

Mark Poppenborg

*»Nicht weil es schwer ist, wagen wir es nicht,
sondern weil wir es nicht wagen, ist es schwer.«*

Lucius Annaeus Seneca

Unterstützer

Christina Zweigle
Christine Harder
Christine Müller
Christoph Karsten
Cornelia Reindl
Dagmar Säger
Dajana Langhof
Dan Schwarzlmüller
Daniel Held
Daniel M. Richter
Daniela Scheurlen
Diana Fuß
Dipl.-Ing. (FH) Sonja B. Neidhardt
Dirk Ecker
Dirk Krause
Dirk Murschall
Dirk Sattler
Dörte Schröder
Dr. Angela Rohde

Führung entstehen lassen

»Führung ist zu wichtig, um sie nur Führungskräften zu überlassen.«

Bernd Oestereich

»Einer der besten Wege, die Moral aufzubauen und das Interesse an der Arbeit zu vergrößern, ist das konsequente Delegieren von Verantwortung.«

Cyril Northcote Parkinson

»A bad system will beat a good person every time.«

Edward Deming

»Stehe an der Spitze, um zu dienen, nicht, um zu herrschen!«

Bernhard von Clairvaux

»Management is doing things right; leadership is doing the right things.«

Peter Drucker

»Führungskräfte meinen, sie werden dafür bezahlt, dass sie Probleme lösen. Wenn sie das tun, bleibt ihnen für Führung keine Zeit mehr.«

Thorsten Laube

»Normales Führungsdenken geht davon aus, dass man Druck ausüben muss. Führen heißt aber nicht, Druck aufbauen, sondern einen Sog erzeugen.«

Götz W. Werner

»Cultural transformation begins with the personal transformation of the leaders. Organisations don't transform. People do.«

Richard Barrett

»It's easier to ask forgiveness than it is to get permission.«

Grace Hopper

»Knowledge is power. In post-capitalism, power comes from transmitting information to make it productive, not hiding it.«

Peter Drucker

Unterstützer

Dr. Christian Kugelmeier

Dr. Dirk Krause

Dr. Philipp Philippen

Elisabeth Behr

Elke Deus

Elmar Röttger

Evelyn Kuttig

Fabrice Wegner

Fiona Klingels

Frank Deßmann

Frank Holldorff

Franz Schori

Frieder Kanitz

Gilbert Bergner

Guido Bosbach

Gunnar Sohn

Günter Gischler

Hans Habegger

Heike Grethlein

Heiko Fischer

»Solange man Helden oder Schuldige braucht, um eine Situation plausibel zu erklären, hat man sie noch nicht verstanden.«

Gerhard Wohland

»Je vielfältiger und vernetzter ein natürliches System, desto robuster ist es.«

Kaduk/Osmetz

»In einem komplexen System sind wohl die Beziehungen der Elemente zueinander wichtiger als die Elemente selbst.«

Frederic Vester

»Gute Manager sind Talentscouts für Problemlöser im Unternehmen.«

Gerhard Wohland

»Die Illusion, man habe die Vergangenheit verstanden, füttert den Irrglauben, man könne die Zukunft vorhersagen und kontrollieren.«

Daniel Kahnemann

»Wer Werte fordert, bekommt Heuchelei.«

Gerhard Wohland

»Nichts ist so praktisch wie eine gute Theorie.«

Kurt Lewin

*»Mitarbeiter zu enttäuschen ist manchmal unvermeidbar.
Sie zu täuschen ist jedoch unverzeihbar.«*

Hartmut Laufer

*»If you think it's expensive to hire a professional
to do the job, wait until you hire an amateur.«*

Red Adair

Unterstützer

Heinz Dykhuizen

Helge Koops

Henrik Mitsch

Holger Bock

Holger Schmitz

Ilja Preuß

Ilse Pogatschnigg

Ines Geschwinde

Irina Merten

Jan Bieler

Jan Frase

Janine Knüppel

Jasmin Leutelt

Jasper Martitz

Jens Bietendorf

Jens Petri

Joachim Seibert

Jochen Koop

Johanna Brühl

Jörg Reinhardt

»Work doesn't happen at work.«

Jason Fried

»Ich weiß, dass ich nichts weiß.«

Cicero

»Das Spiel ist die höchste Form der Forschung.«

Albert Einstein

»Gesunder Menschenverstand: Eigentlich nur eine Anhäufung von Vorurteilen, die man bis zum 18. Lebensjahr erworben hat.«

Albert Einstein

Unterstützer

Jörg Sander
Judita Ruske
Julia Kanitz
Julia Schlagenhauf
Karin Becker
Karin Zintz Volbracht
Katharina Brenner
Katharina Granitzny
Katja Kremling
Katrin Linzbach
Kerstin Schwob
Kerstin Tolkiehn
Kim Nena Duggen
Kirsten Osterkamp
Lars Böhnke
Lucas Schleweis
Lucy Lang
Luise Zoller
Lydia Schültken
Manuela Pegel

Menschen etwas zutrauen

»Du kannst jemanden verändern, wenn du ihn akzeptierst.«

Laotse

»Wer Zäune um Menschen baut, bekommt Schafe.«

Förster & Kreuz

»Nichts begeistert Menschen mehr als ihr eigener Fortschritt.«

Doppler/Lauterburg

»If you want people to do a good job, give them a good job to do.«

Frederick Herzberg

»Geben Sie Ihren Mitarbeitern Arbeit, bei der sie ihre Fähigkeiten voll ausschöpfen müssen. Geben Sie ihnen alle notwendigen Informationen. Erläutern Sie ihnen klipp und klar, was es zu erreichen gilt.
Und dann: lassen Sie sie in Ruhe.«

Robert Waterman

»Die wertvollste Investition überhaupt ist die in den Menschen.«

Jean-Jacques Rousseau

»Wer die Menschen behandelt wie sie sind, macht sie schlechter.
Wer sie aber behandelt wie sie sein könnten, macht sie besser.«

Johann Wolfgang von Goethe

»People under time pressure don't think faster.«

Tim Lister

»Die meisten Führungskräfte zögern, ihre Leute mit dem Ball laufen zu lassen. Aber es ist erstaunlich, wie schnell ein informierter und motivierter Mensch laufen kann.«

Lee Iacocca

»Mein Umgang mit meinen Mitarbeitern ist ihr Umgang mit meinen Kunden.«

Götz W. Werner

Unterstützer

Marc Lier
Marcus Fink
Marcus Wenkel
Marion Guérin
Markus Fuchs
Martin Bartonitz
Martin Lennartz
Mathias Freese
Matthias Deuerling
Matthias Stauffer
Micha Schneider
Michael Tomoff
Nadja Obenaus
Nicole Bartneck
Nina Becker
Oliver Hamacher
Patrick
Paul Vincent Beigang
Peter Dunkhorst
Peter Naef

Neues zulassen

»Wer immer tut, was er schon kann, bleibt immer das, was er schon ist.«

Henry Ford

»Wir können den Wind nicht ändern, aber die Segel anders setzen.«

Aristoteles

»Nichts ist mächtiger als eine Idee, deren Zeit gekommen ist.«

Victor Hugo

»Sei Du selbst die Veränderung, die Du Dir wünschst für diese Welt.«

Mahatma Gandhi

Unterstützer

Petra Sommer
Philipp Preuss
Pia Eggert
Rainer Eschen
Rainer Kossow
Rainer Weichbrodt
Rainer Wett
Ralf Lemp
Ralf Lippold
Raphael Gerdes
Ricardo Sichert
Richard Maaßen
Sabine Igler
Sabine Leikep
Sabine Mehlhart
Sacha Storz
Sascha Adam
Sascha Krieg
Schweizer Beratung, Gerlingen
Sean D. Middleton

Neues zulassen

*»Wenn das Leben erst am Wochenende beginnt,
dann führe ich von Montag bis Freitag ein falsches.«*

Hans Jürgen Heinecke

*»Fokussiere all Deine Energie nicht auf das Bekämpfen
des Alten, sondern auf das Erschaffen des Neuen.«*

Sokrates

»Die beste Art, die Zukunft vorherzusagen, ist, sie zu erfinden.«

John Sculley

*»Man entdeckt keine neuen Erdteile, ohne den Mut zu haben,
alte Küsten aus den Augen zu verlieren.«*

André Gide

»Wenn der Wind des Wandels weht, bauen die einen Schutzmauern, die anderen bauen Windmühlen.«

Chinesisches Sprichwort

»Immer wieder finden sich Eskimos, die den Bewohnern des Kongo sagen, was sie zu tun haben.«

Stanislaw Jerzy Lec

»Eine Reise von tausend Meilen beginnt mit dem ersten Schritt.«

Laotse

»Wer führen will, muss Menschen lieben.«

Joachim Bruhn

»Wenn Du ein Schiff bauen willst, dann trommle nicht Männer zusammen um Holz zu beschaffen, Aufgaben zu vergeben und die Arbeit einzuteilen, sondern lehre die Männer die Sehnsucht nach dem weiten, endlosen Meer.«

Antoine de Saint-Exupéry

»Wenn du schnell gehen willst, geh' allein. Aber wenn du weit gehen willst, geh' mit anderen zusammen.«

Afrikanisches Sprichwort

Unterstützer

Sebastian Schlinger
Sheela Fernandes
Silke Wolf
Simone Reich
Sophie Appl
Sören van der Seylberg
Stefan Dexheimer
Stefan Verhey
Stefanie Fuchs
Stefanie Mann
Stephanie Selmer
Susanne Schwarz
Suzanne Frankenfeld
Sven Franke
Sven Lake
Sylvia Kosek
Sylvia von Froreich
Tabea Hentschel
Tanja Stock
Thomas Eisinger

»Start with why.«

Simon Sinek

»We don't need an accurate document, we need a shared understanding.«

Jeff Patton

»Culture eats strategy for breakfast.«

Peter Drucker

*»Wessen wir am meisten im Leben bedürfen ist jemand,
der uns dazu bringt, das zu tun, wozu wir fähig sind.«*

Ralph Waldo Emerson

»Der beste Manager lehrt seine Mitarbeiter nicht, wie sie denken sollen, sondern dass sie denken sollen.«

Daniel Goeudevert

»Wer ein WARUM zum Leben hat, erträgt fast jedes WIE.«

Friedrich Nietzsche

»Vertrauen ist das Kreditwesen der Kommunikation.«

Gerhard Wohland

»Wer will, findet Wege. Wer nicht will, findet Gründe.«

Götz W. Werner

»Zweck und Ziel der Organisation ist es, die Stärken der Menschen produktiv zu machen und ihre Schwächen unwesentlich.«

Peter Drucker

»Yesterday's the past, tomorrow's the future, but today is a gift. That's why it's called the present.«

Bil Keane

»Unternehmenskultur ist für Arbeitgeber, was die Qualität für Produkte ist.«

Christian Vieira dos Santos

»Werte kann man nicht lehren, sondern nur vorleben.«

Viktor Frankl

Unterstützer

Thomas Gernbauer

Dr. Thorsten Laube

Tim Buber

Timo Kaapke

Tina Röbel

Ursula Oestreich

Ursula Schatzl

Ute Schulze

Viktor Kaiser

Volker von Dombrowski

Waldemar Pauls

Werner Stadler

www.reisenmitsinn.de

Yedra Broeckx

»Ein Hamsterrad sieht von innen aus wie eine Karriereleiter.«

unbekannt

»Eine gute Führungskraft strebt ständig danach, sich selbst entbehrlich zu machen.«

Dr. Thorsten Laube

»Wenn Du wenig Zeit hast, dann nimm Dir am Anfang viel davon.

Ruth Cohn

»Die Kunst des Ausruhens ist ein Teil der Kunst des Arbeitens.«

John Steinbeck

»Integrity is doing the right thing, even when no one is watching.«

C. S. Lewis

»Was wir heute denken, werden wir morgen sein.«

Max Thürkauf

»Wer seinen Selbstwert daraus bezieht, besser zu sein als andere, ist davon abhängig, dass andere schlechter sind.«

Christian Felber

»Menschenführung beginnt bei mir selbst.«

Friedemann Schulz von Thun

»Wer glaubt, etwas zu sein, hat aufgehört, etwas zu werden.«

Sokrates

*»Eine moderne Führungskraft sieht sich nicht als Herrscher,
sondern als Dienstleister und Berater seiner Mitarbeiter.«*

Hartmut Laufer

*»Sei bereit Deinen eigenen Weg zu finden
und höre auf, nach dem richtigen Weg zu suchen.«*

Ute Schulze

»Wenn du es wirklich tun willst, tust du es. Es gibt keine Ausreden.«

Bruce Nauman

»Starte irgendwo und werde von dort aus immer besser.«

Douglas Adams

»Es gibt mehr Leute, die kapitulieren, als solche, die scheitern.«

Henry Ford

»Erfolg ist das was folgt, wenn man sich selbst folgt.«

unbekannt

Design als Prozess verstehen

Design verbindet, erzeugt Identität,
bietet Ankerpunkte für Identifikation.
Warum nicht vom Perspektivwechsel profitieren,
den ein Design-Vorhaben auslösen kann?
Gemeinsam ein Ziel verfolgen,
gemeinsam eine visuelle Identität schaffen.
Design ist die »Story«, die Veränderungen initiiert.

Gestaltungskonzept

»Design als Prozess verstehen.«

Sabine Panse | Plantagenstr. 16 | D-30455 Hannover
www.dacorpo-design.de | 0173 6055081